Traktoren Malbuch

Malbuch Für Kinder

© 2015 von Avon Coloring Books

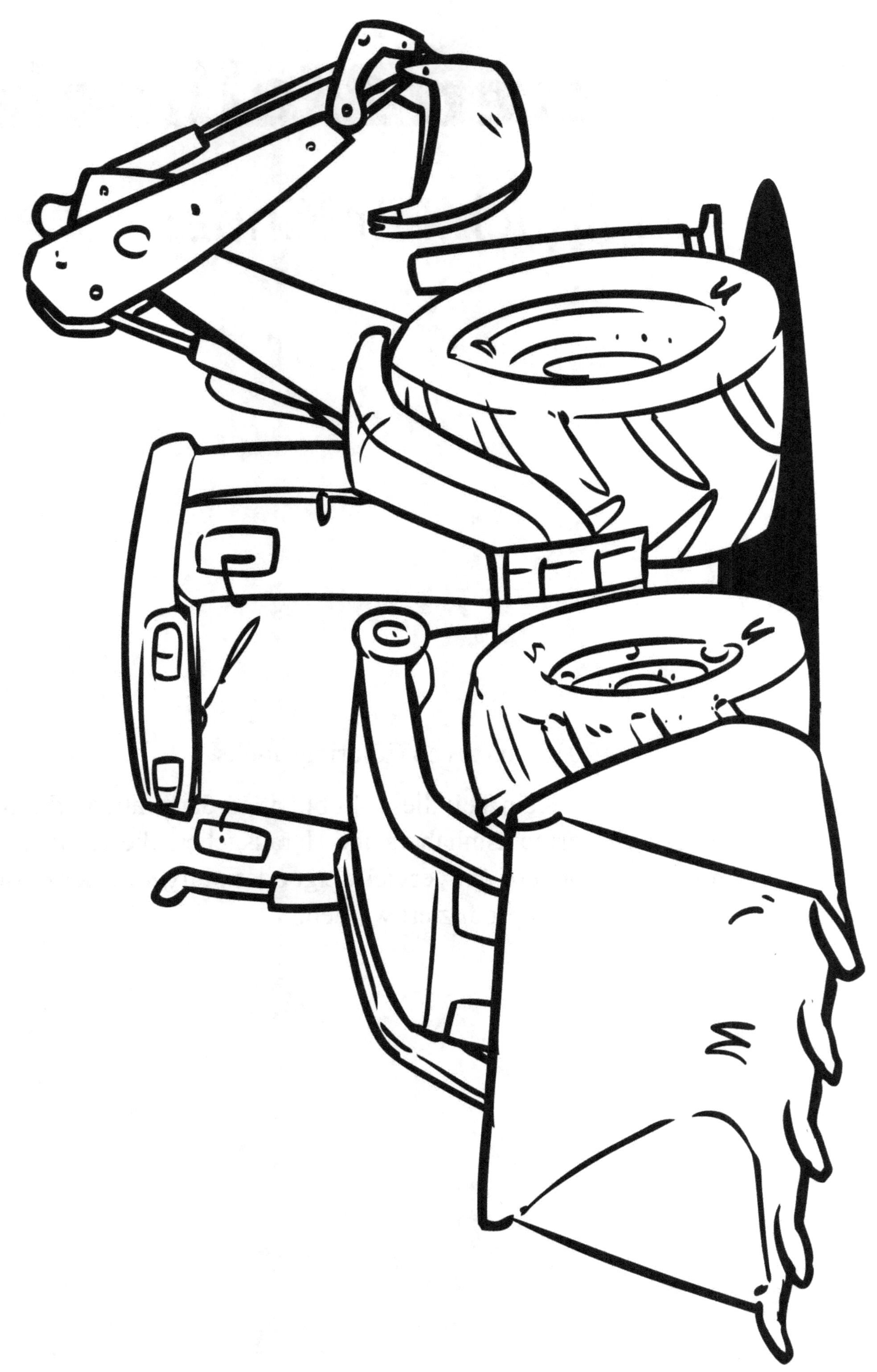

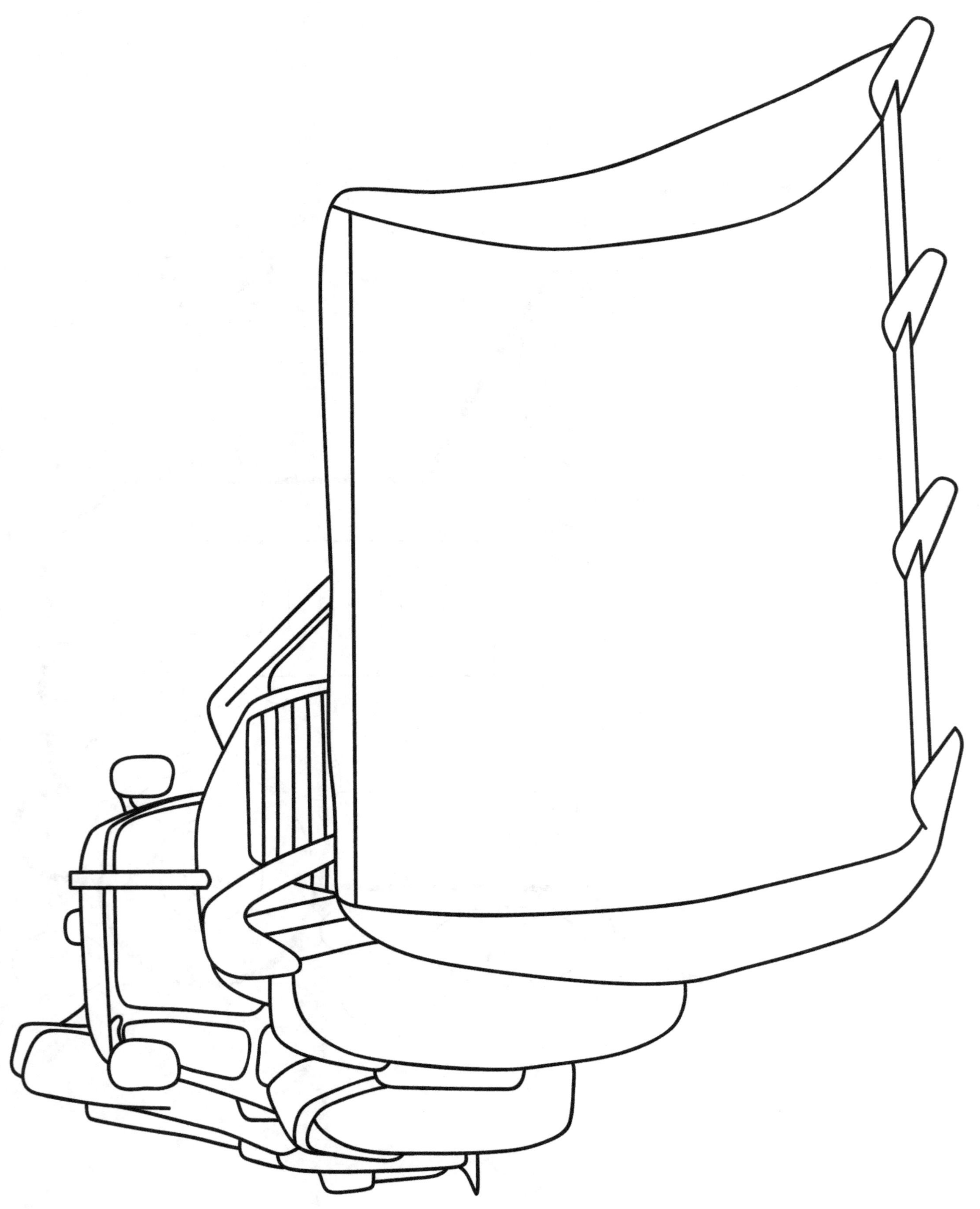

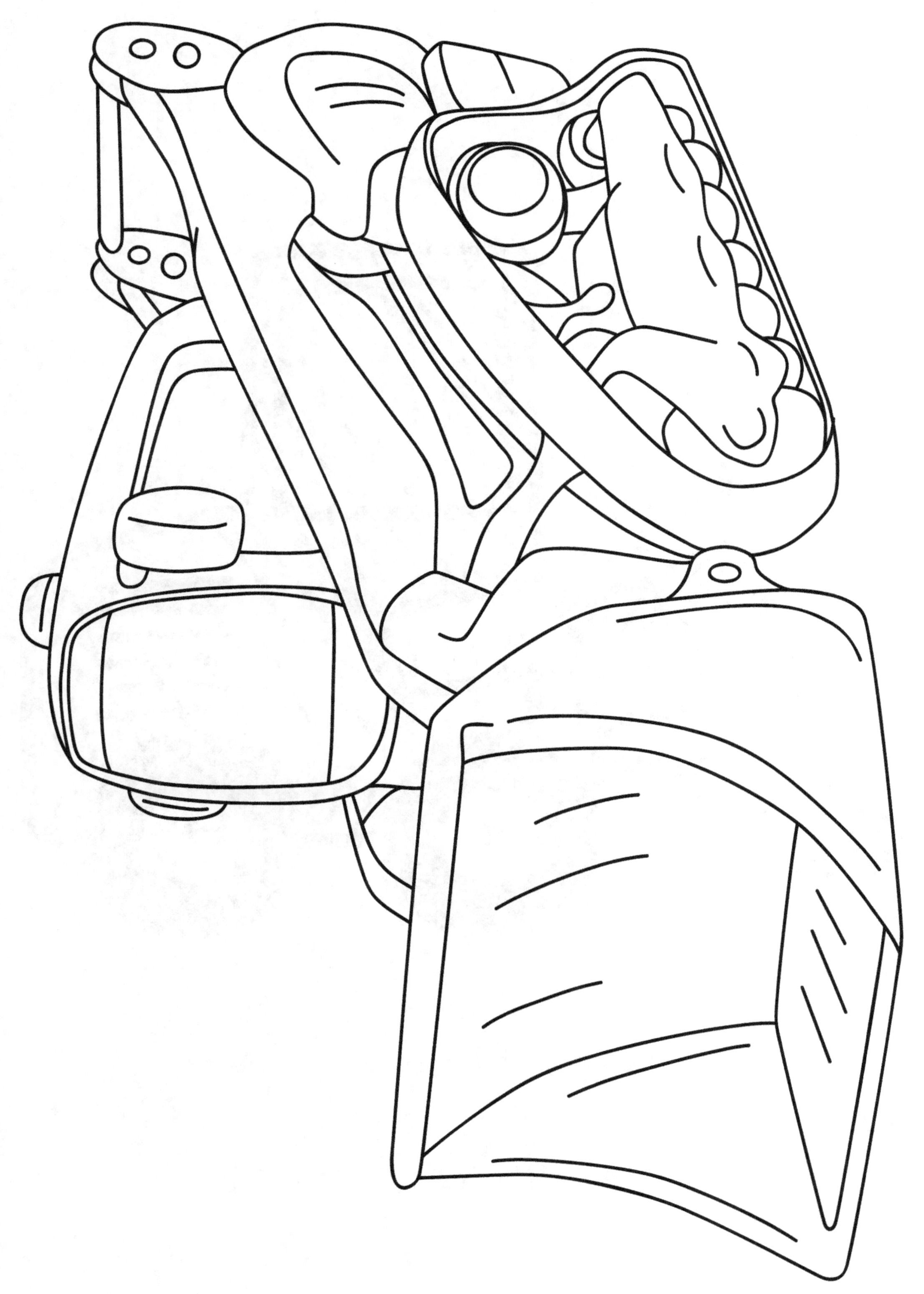

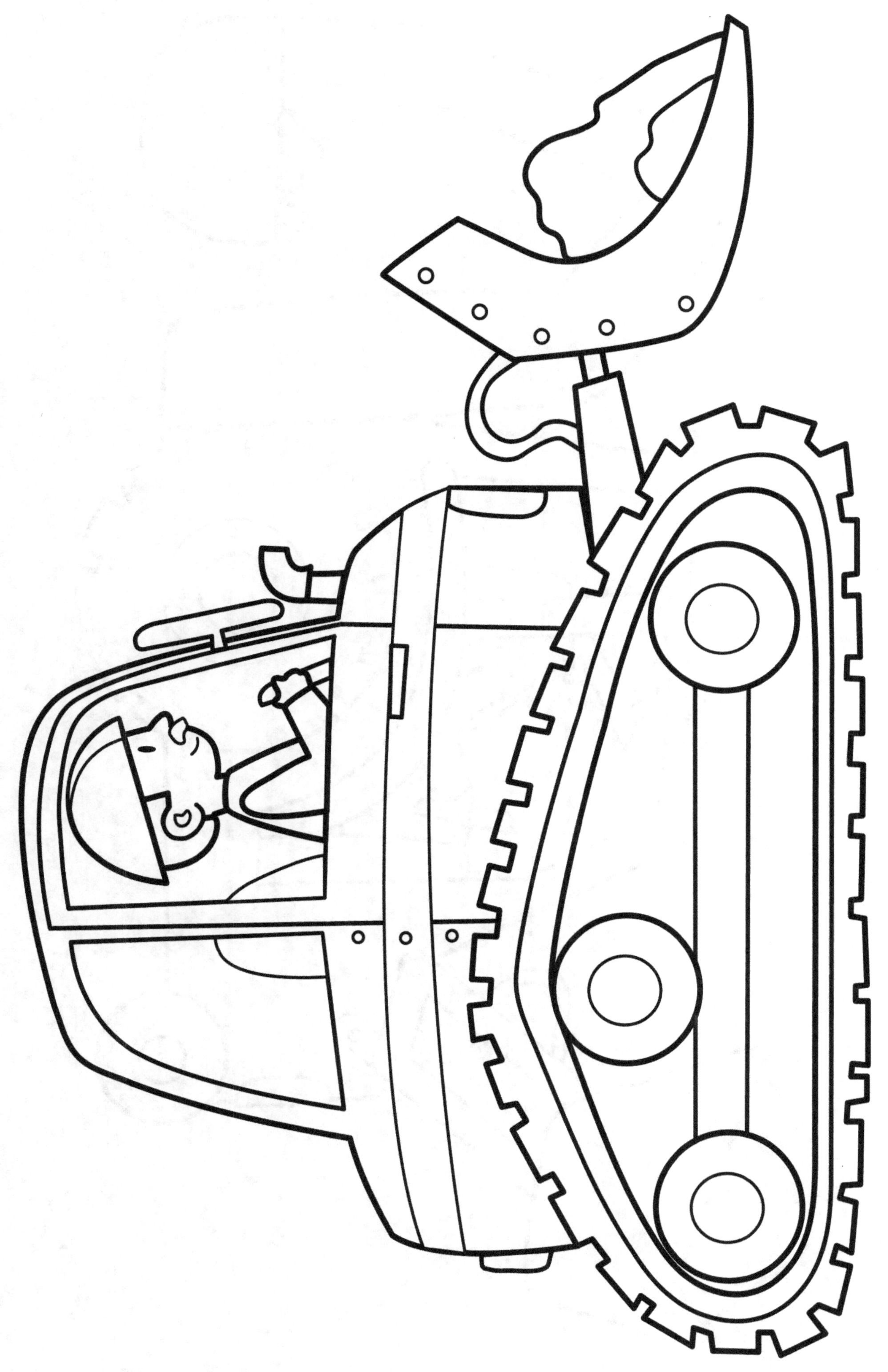

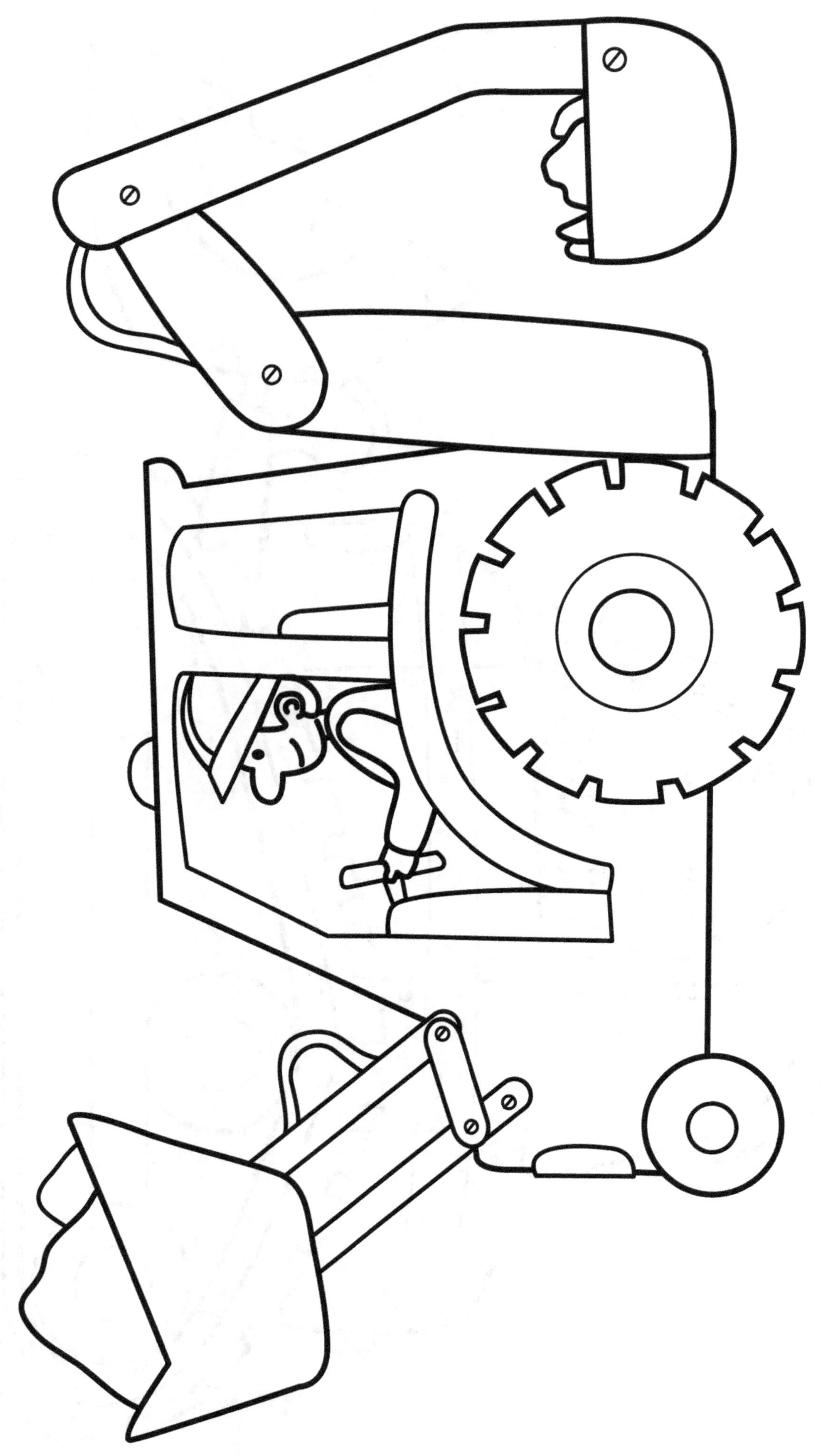

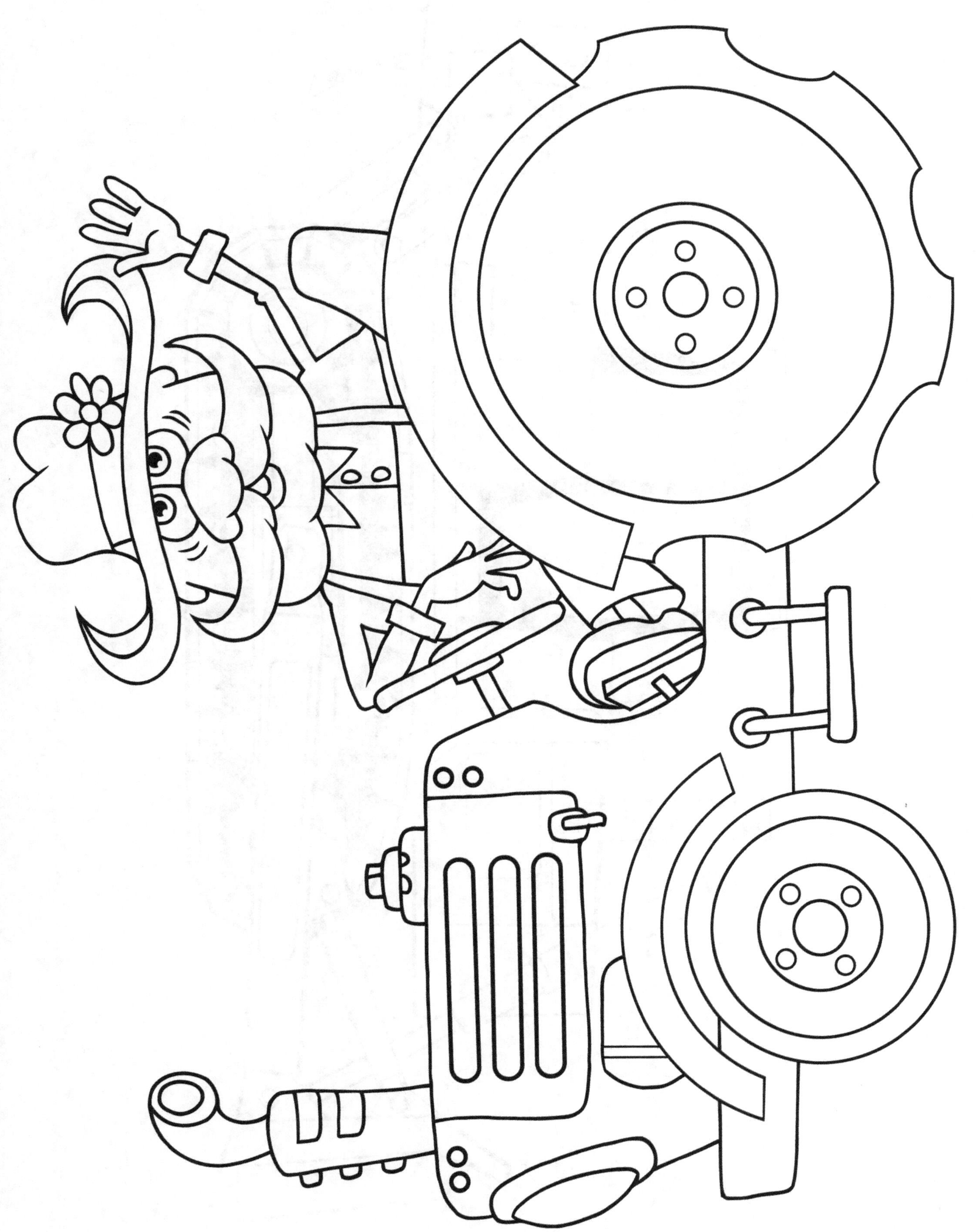

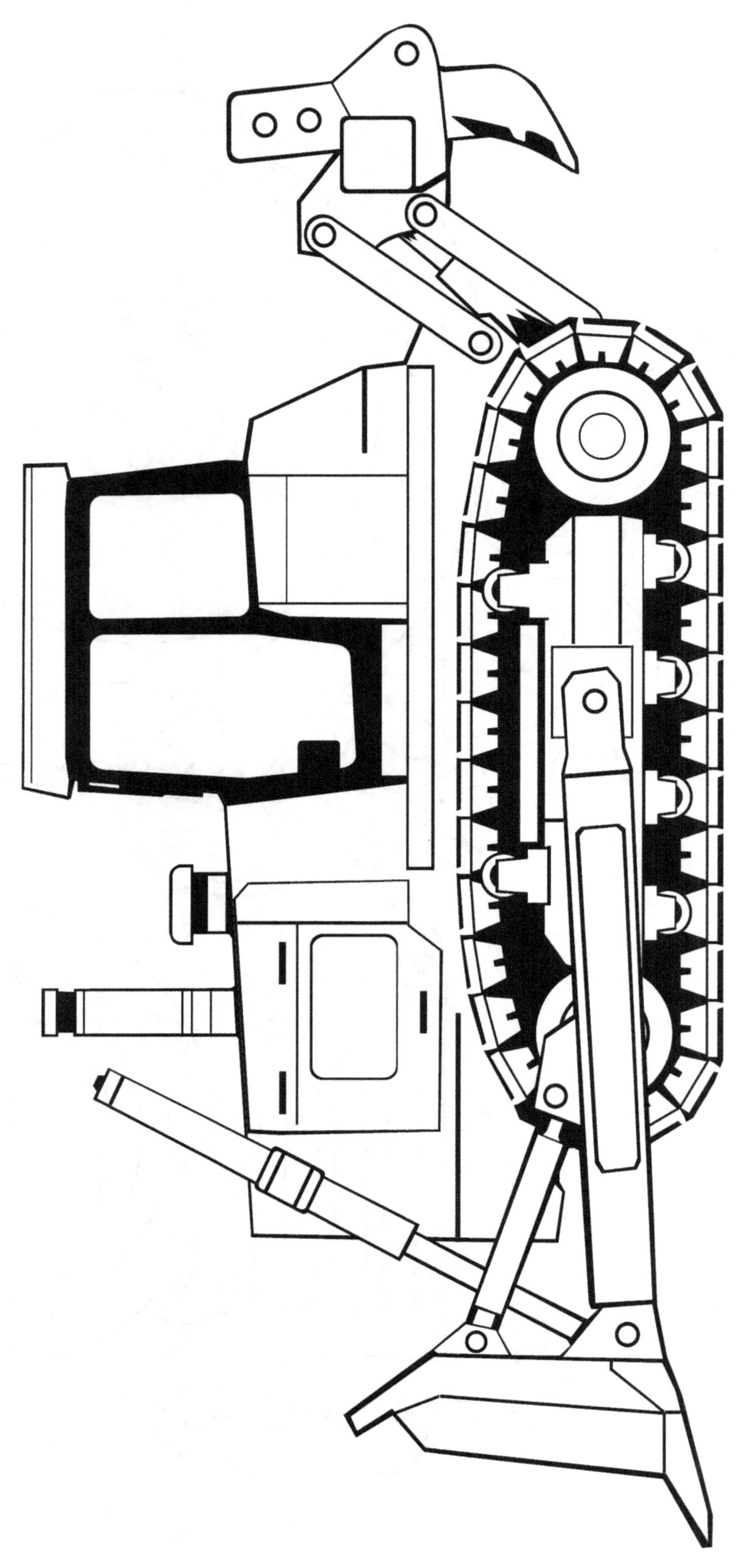

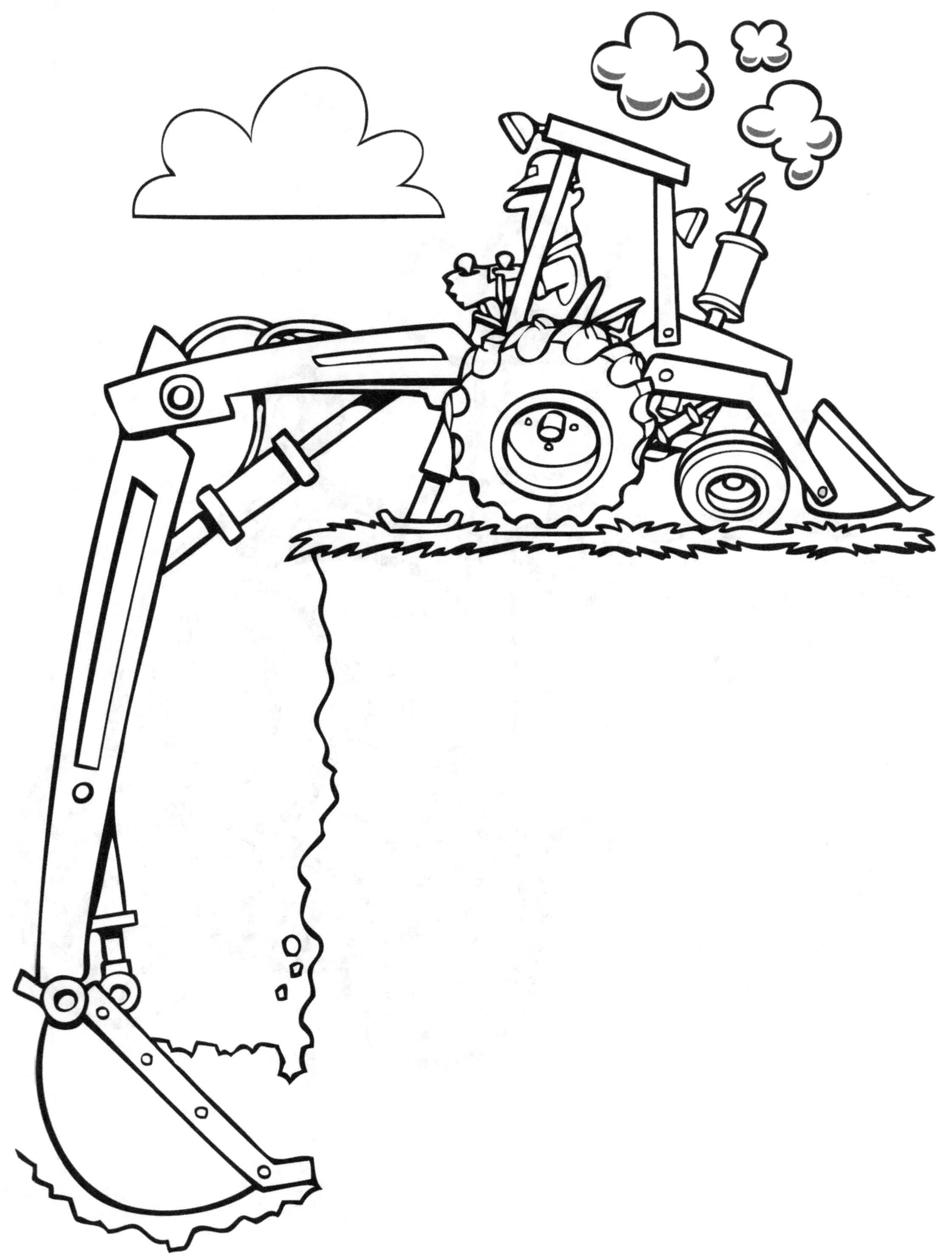

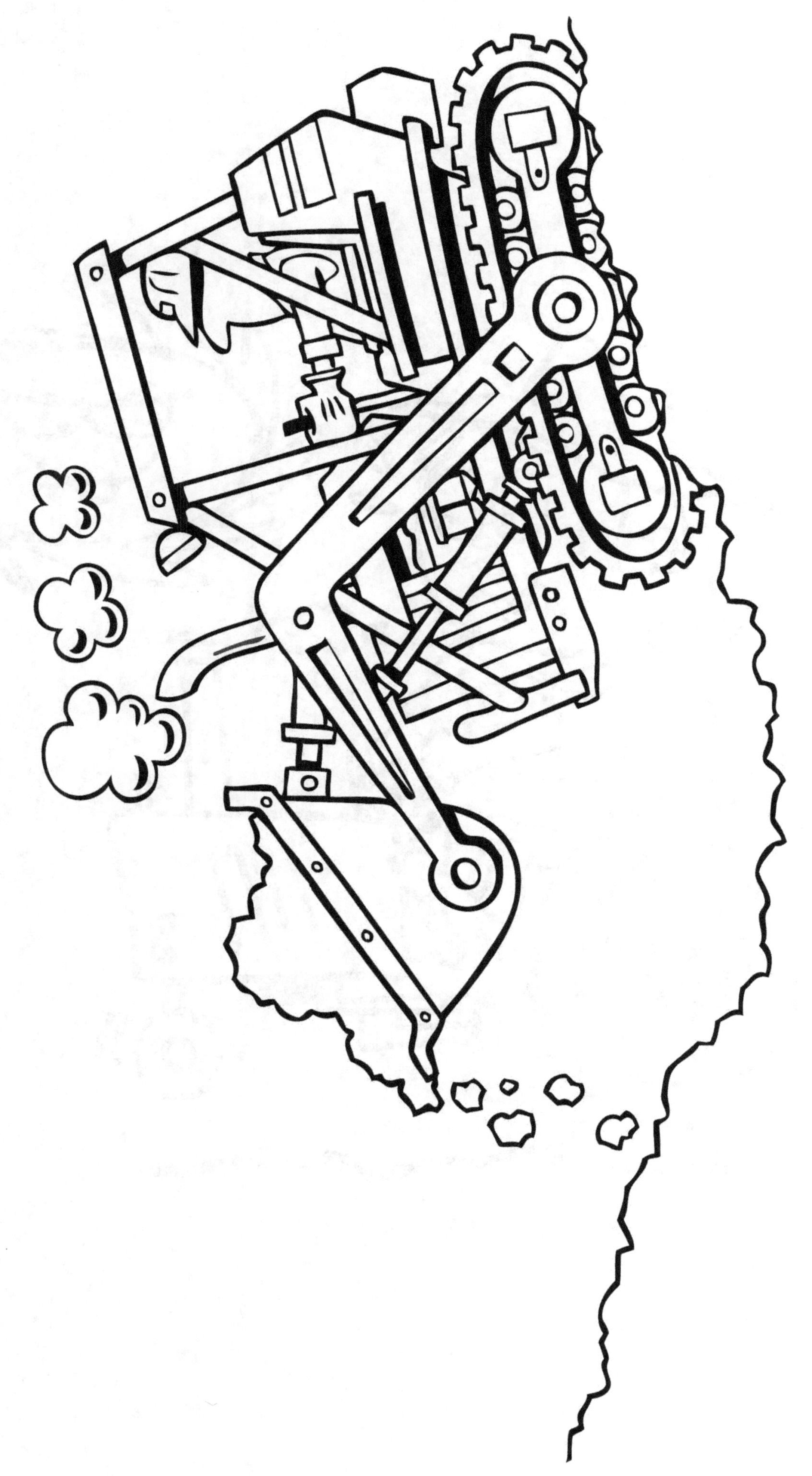

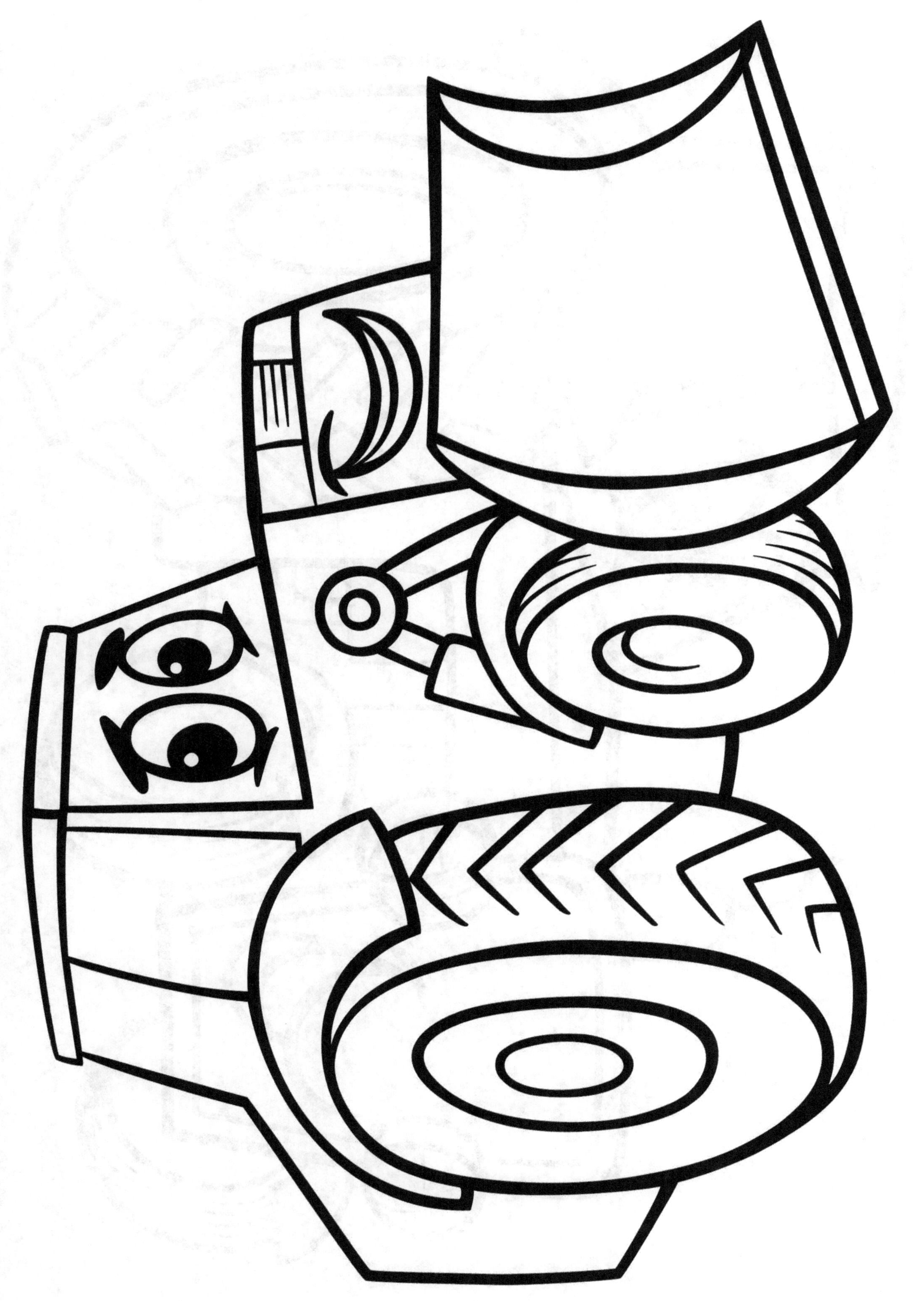

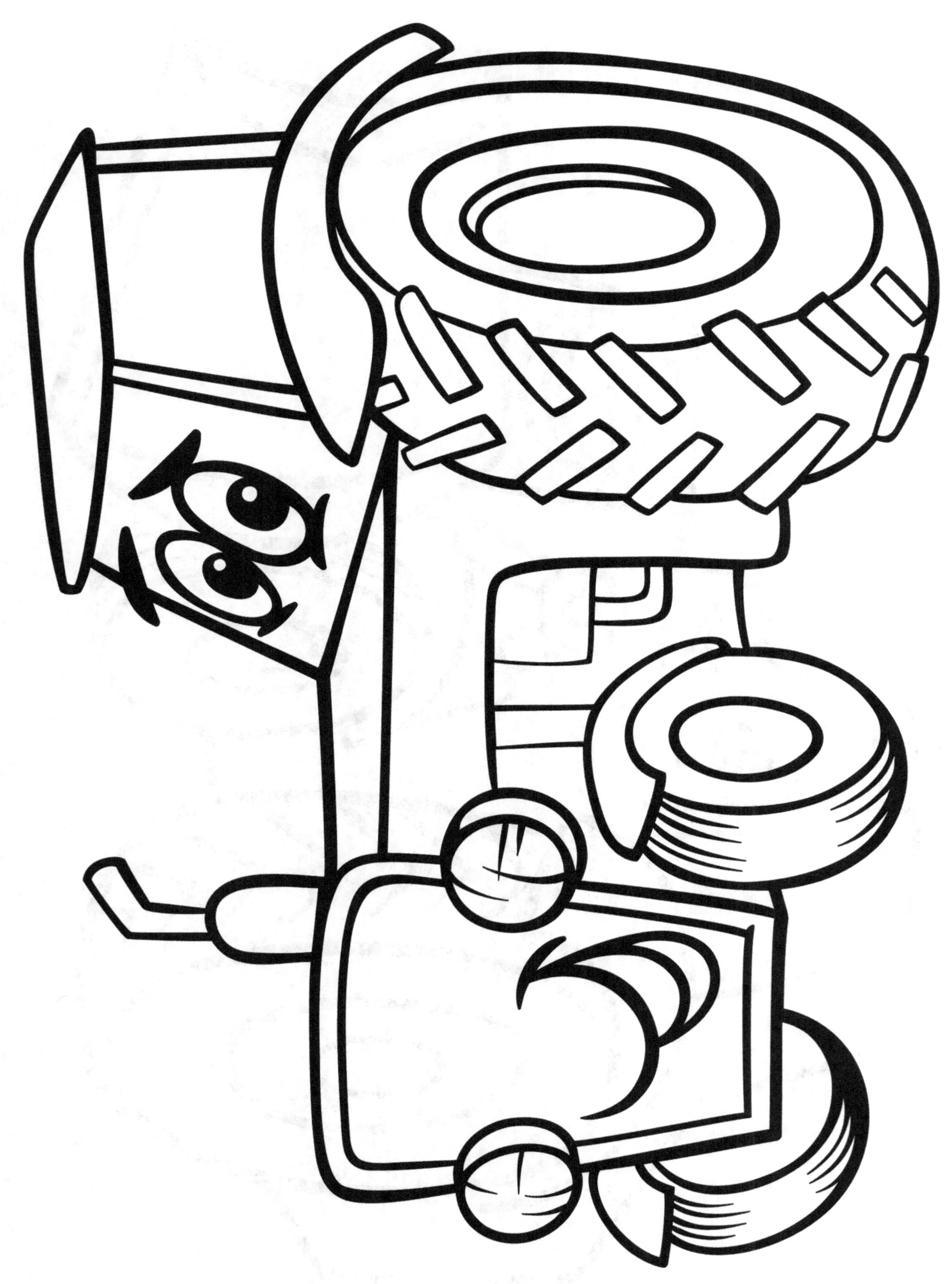

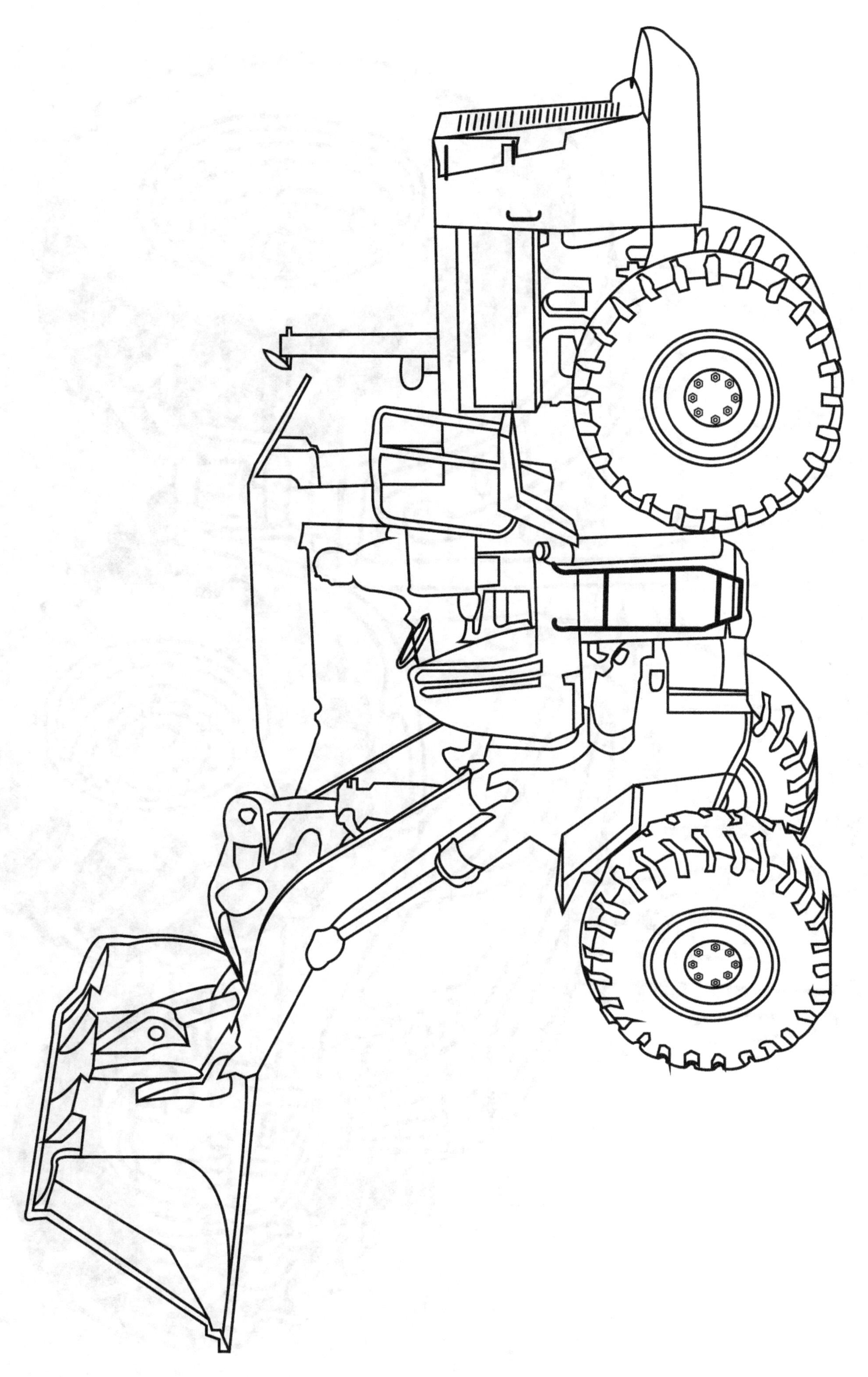

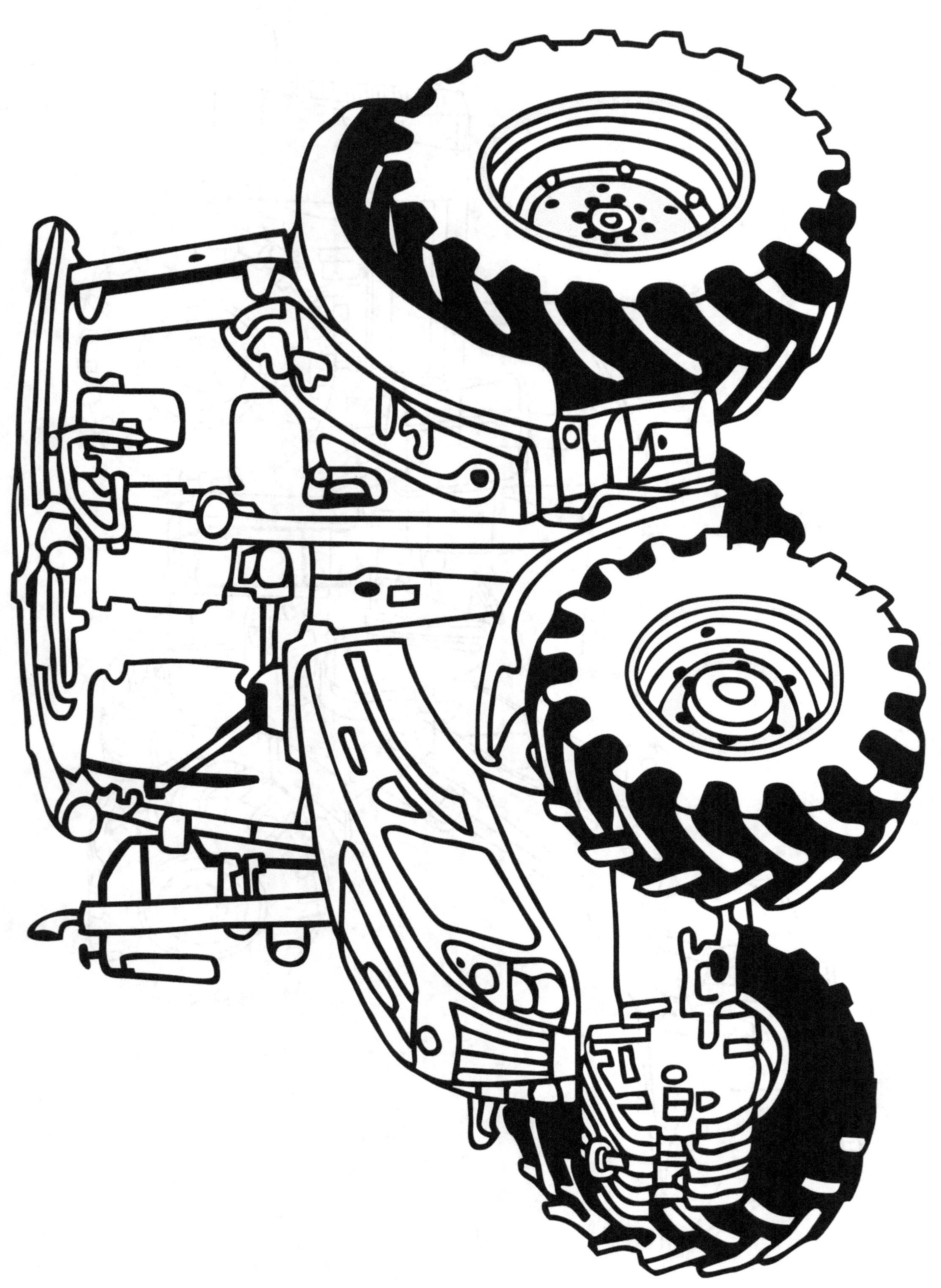

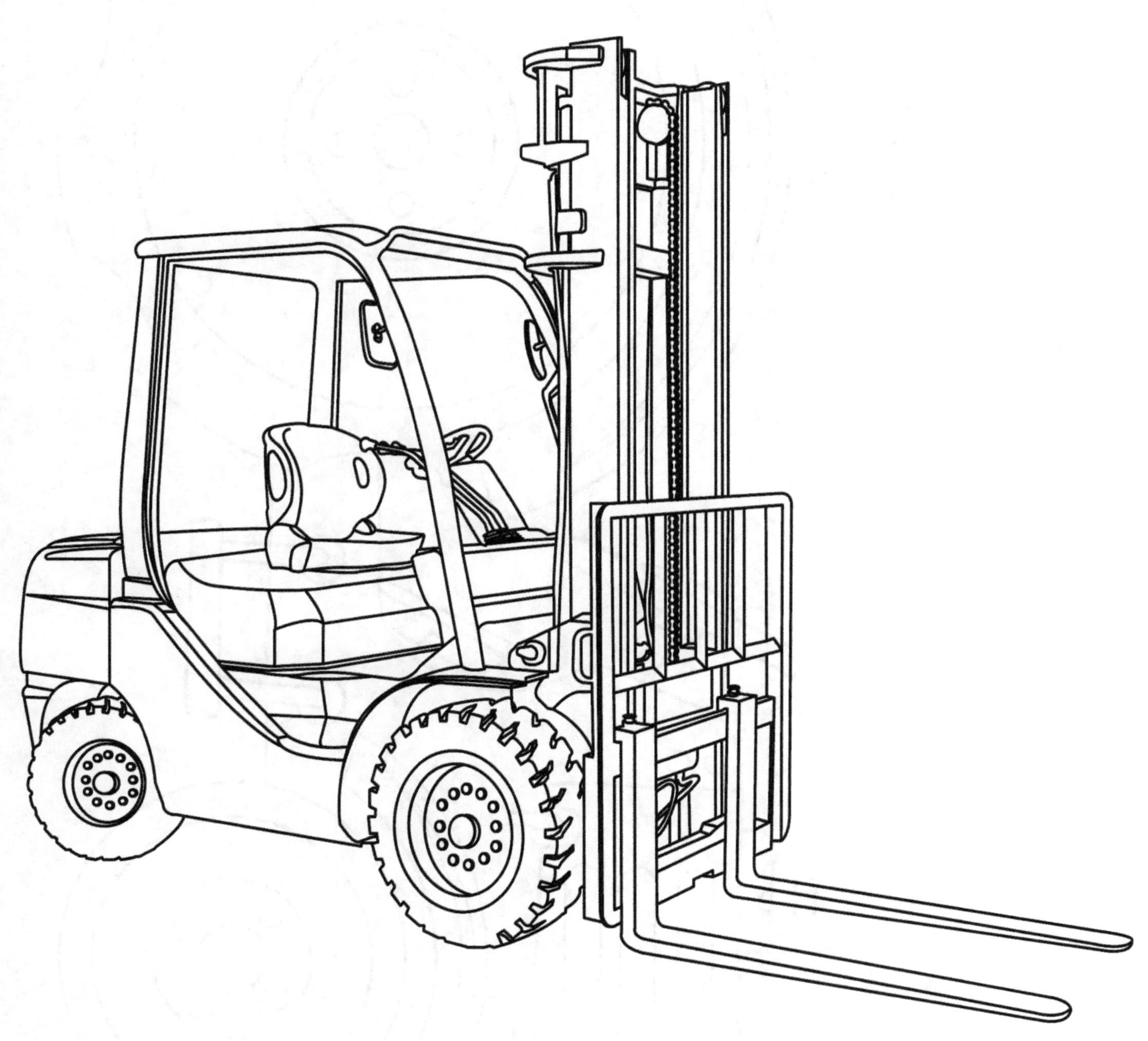

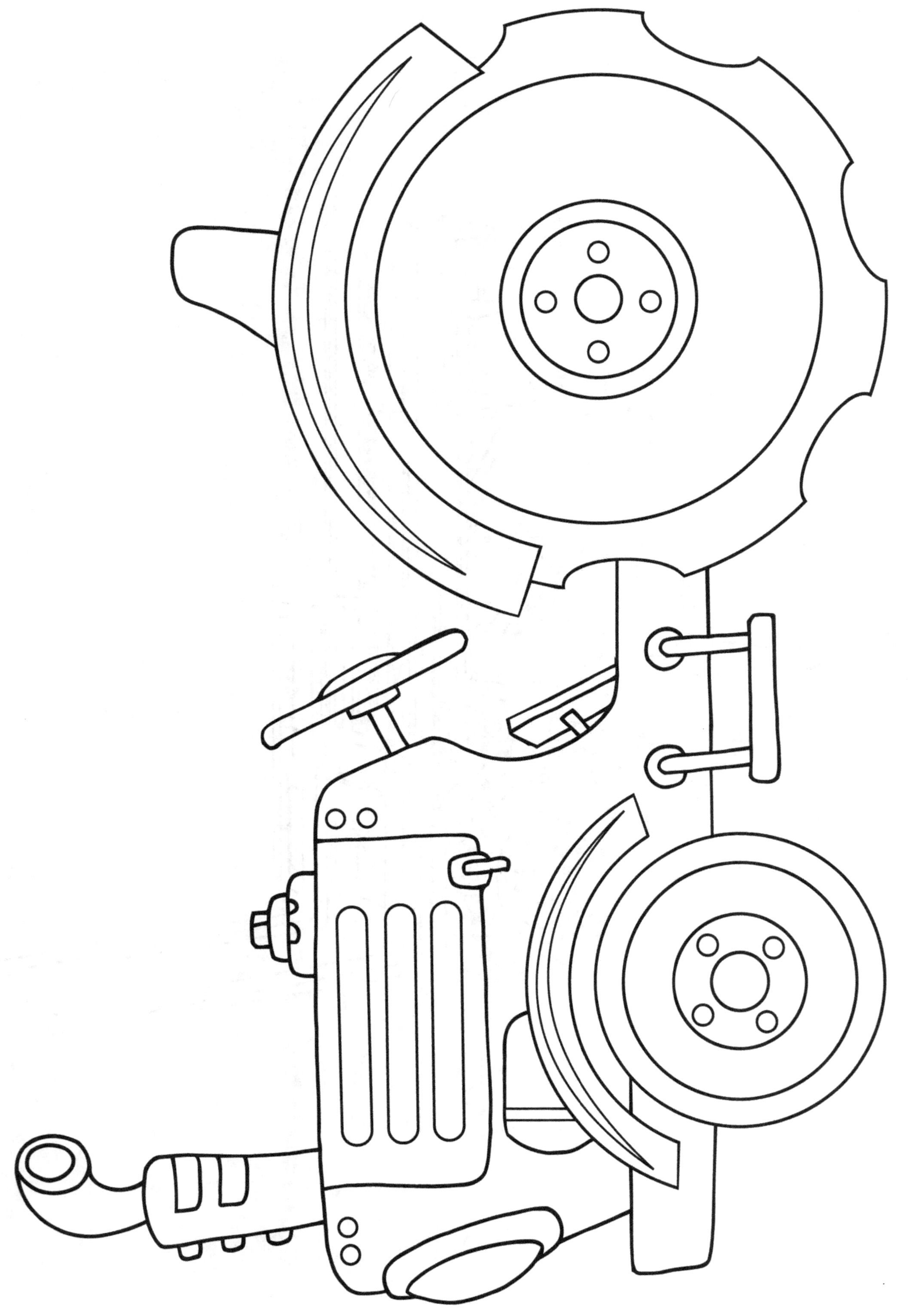

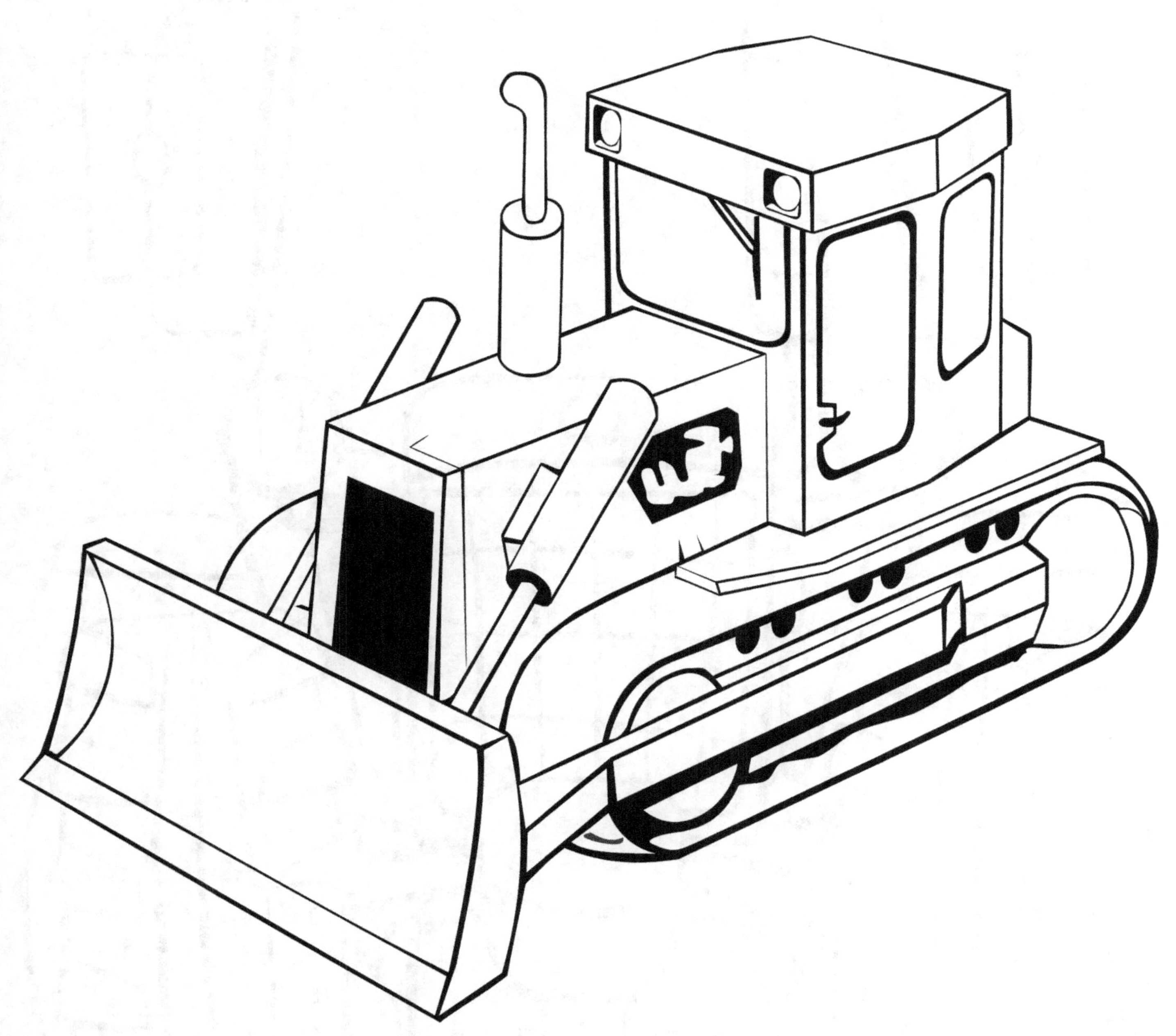

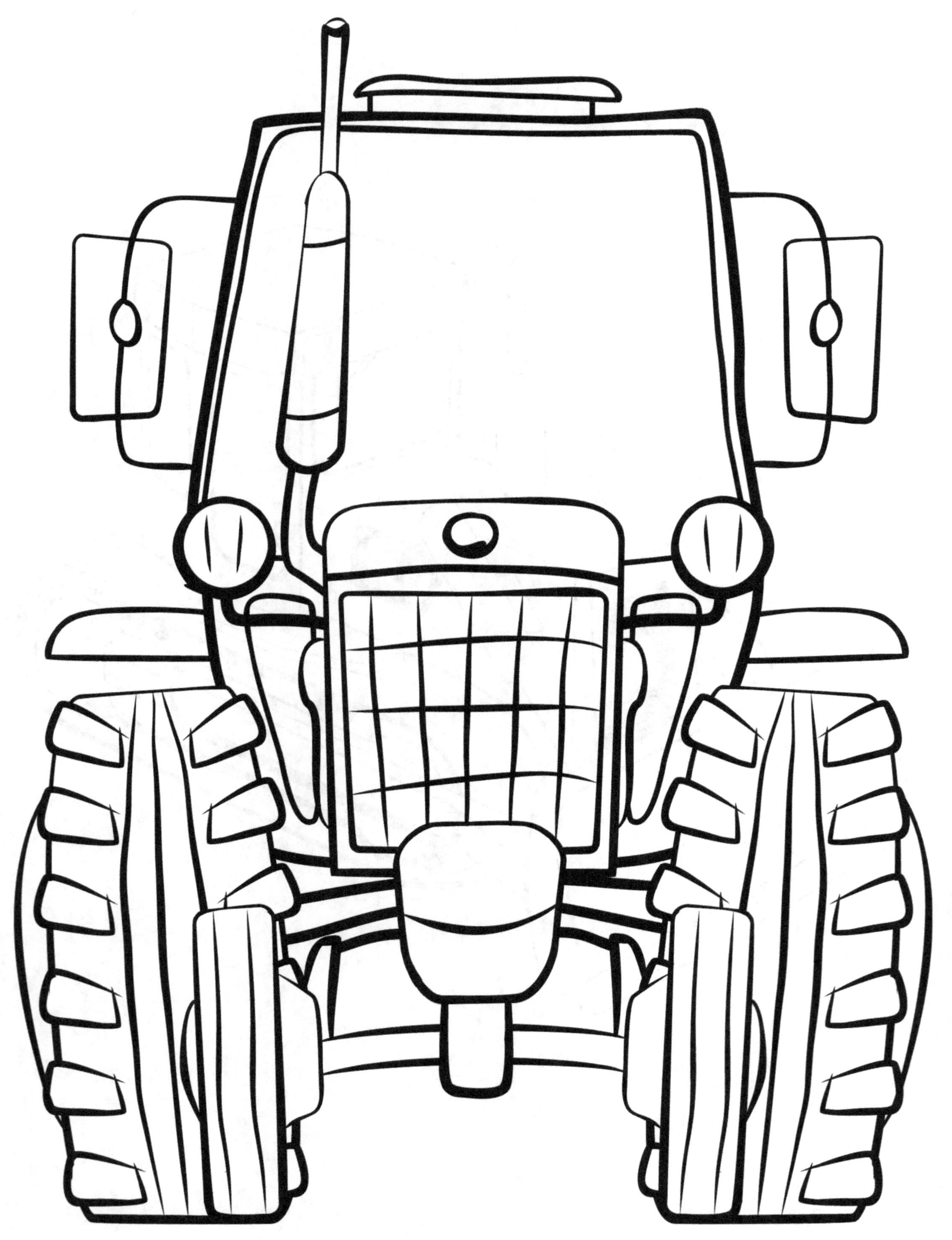

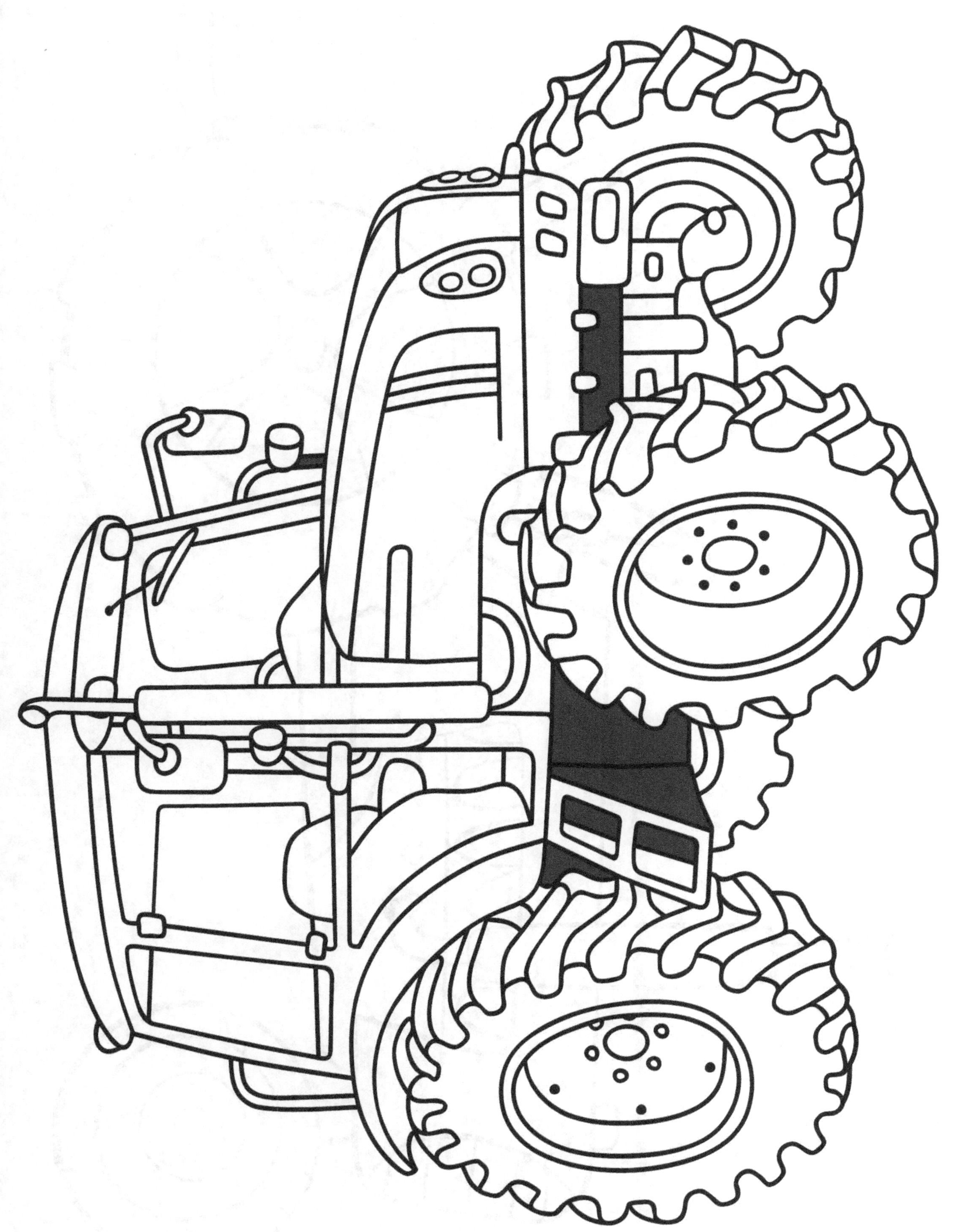

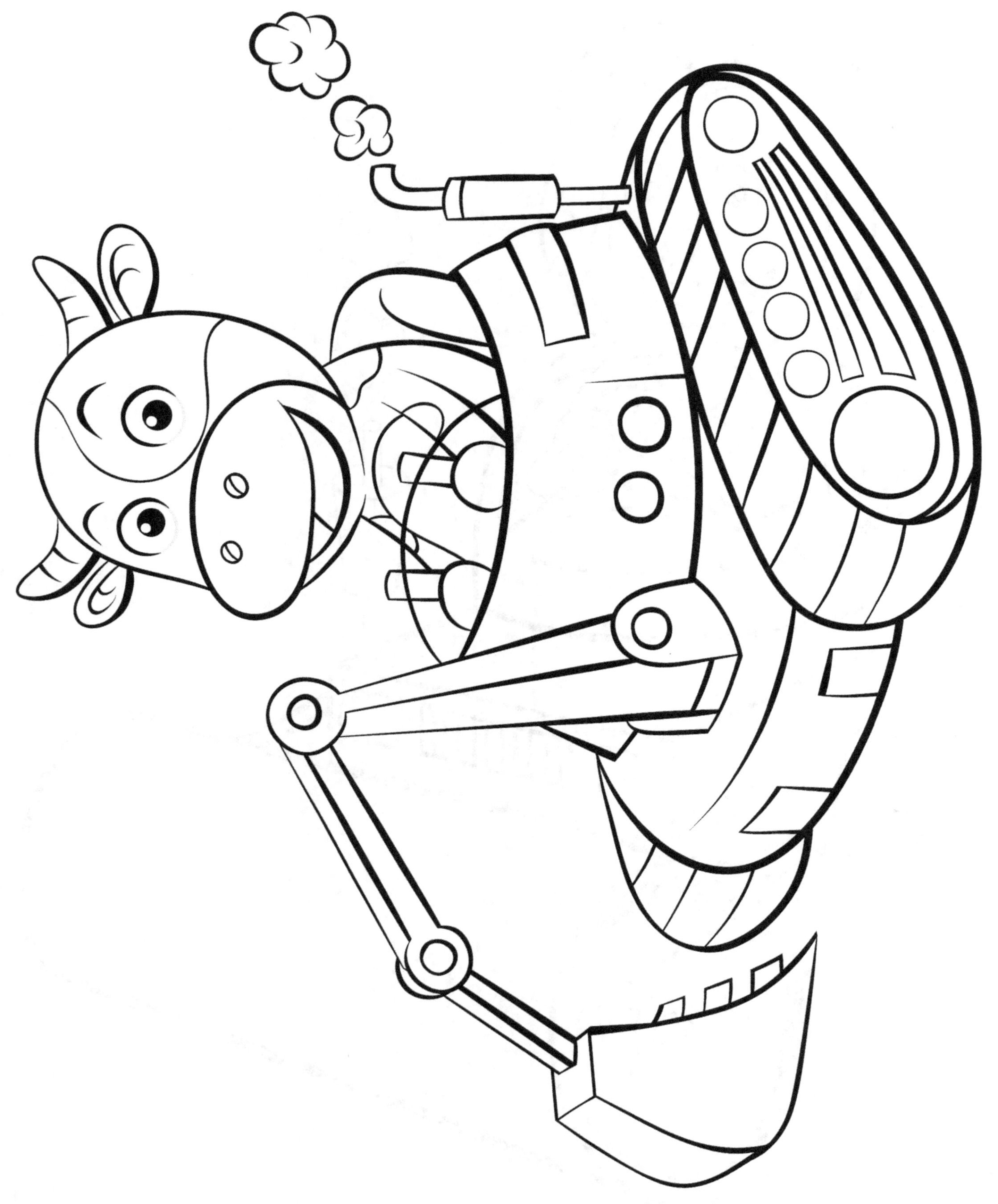

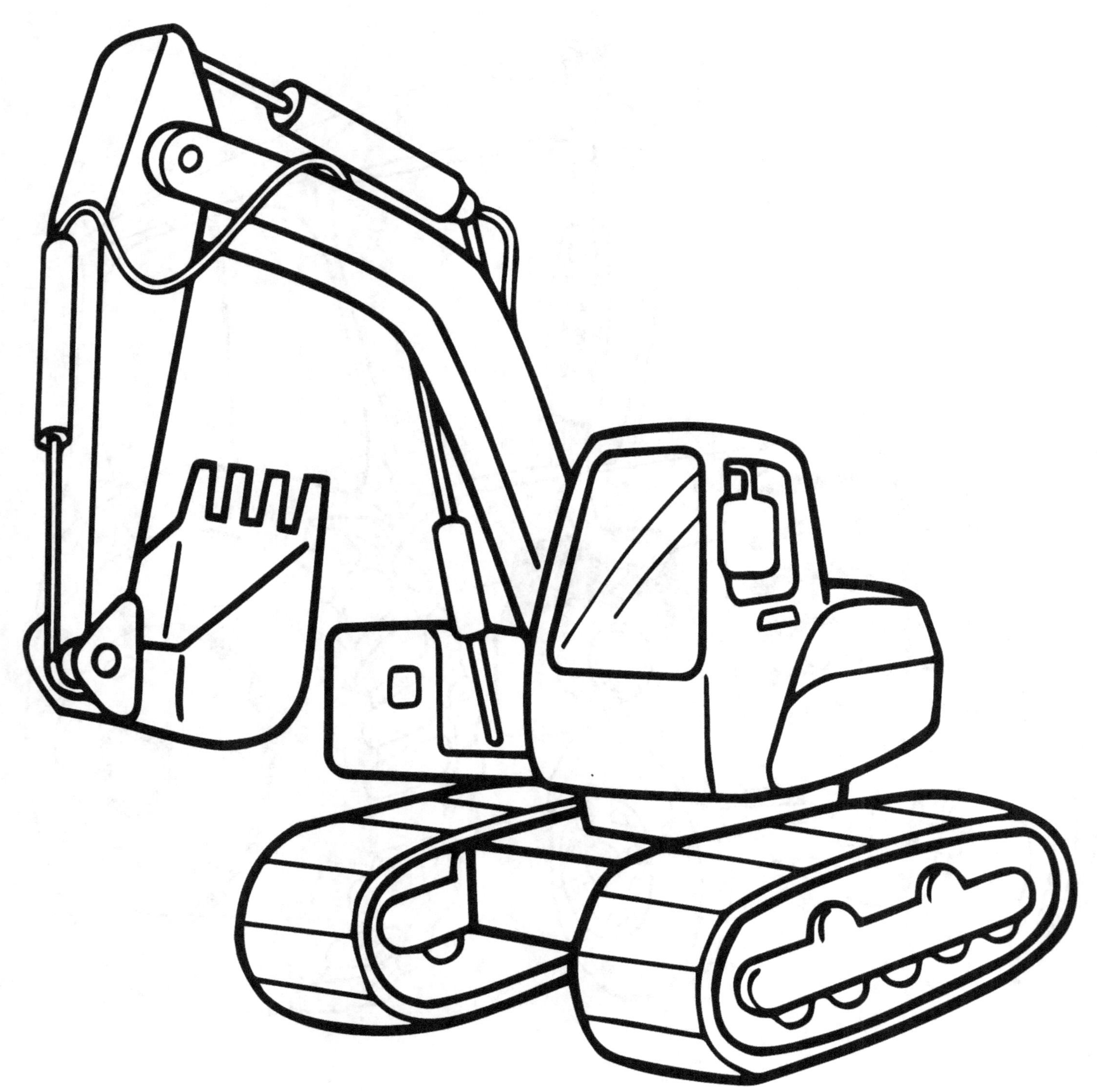

9 781682 120385